1

Gli amanti della notte

Un viaggio attraverso i segreti e le passioni nascoste

Valerio Sforza

ISBN:9798227957146

PROTECT MY WORK
the independent witness agent

PROOF OF COPYRIGHT OWNERSHIP

REF NUMBER: 22111091024S171

This certificate should be verified at www.protectmywork.com and not relied upon solely as PDF or screenshot. Ask the author for a shareable link.

REGISTERED ON	9th October 2024 At 18:18:20 CET
REGISTERED BY	Romina Nisi
ADDITIONAL COPYRIGHT OWNERS	Gli Amanti Della Notte
REGISTRATION TYPE	Uploaded Through Website
I.P ADDRESS	87.190.158.38
WORK TITLE	Q8 Amanti Della Notte

Registration certificate issued & verified by

ProtectmyWork

ProtectmyWork Limited
Kemp House, 152 City Road, London, EC1V 2NX, United Kingdom.
Company Registered in England & Wales No. 09318670

CERTIFIED FILES

22111091024S171_BriefDiamondelunare233.pdf
3F4231F50FA0H.H9K0111F920190A90ac6A28B9Fadf1c01a910F9ffo9156638491908Ae3a1f9b

22111091024S171_DescriptionsDiamondelunare.pdf
3F4231F50FA0H_a99ad2870cc3b11809FH4cc172d9e9f9f7d9z9b3bb7728b1ebcd41d9bgd4a

22111091024S171_BandSummarydelunare.pdf
3F4306F60FA0H.11825e797ca356a9090ae36aa2251a6f0ca9a920ID422311eb0a0ga1a3f0f4

22111091024S171_CommonWritingrightsxcertidelunare.pdf
3F4231F60FA0H_2a1ac1ca0ad0dia7ae17fa9017b1f1b6f0I20faea0526903aa3de531fbb4d2

Istruzioni

Titolo:

Gli amanti della notte

Sottotitolo:

Un viaggio attraverso i segreti e le passioni nascoste

Nome dell'autore:

Valerio Sforza

Breve descrizione del libro:

Gli amanti della notte è un romanzo che esplora le relazioni profonde e misteriose tra personaggi che vivono ai confini tra il giorno e la notte. Ambientato in un mondo in cui i desideri più segreti e le passioni più intense emergono solo al calare del sole, il libro svela le dinamiche dell'amore, della vulnerabilità e della lotta interiore. Attraverso una narrazione coinvolgente, il lettore viene trasportato in una dimensione crepuscolare, dove i protagonisti affrontano le loro paure e desideri più profondi.

Contenuti:

Relazioni umane e amore segreto

Passioni inconfessabili

Vita notturna e misteri

Desideri e vulnerabilità

Viaggio emotivo e trasformazione interiore

Capitoli:

Ombre del tramonto

Cuori segreti

Il ballo della mezzanotte

Incontri proibiti

La luna come complice

Oltre il buio

Rivelazioni notturne

Albe di redenzione

Livello:
Medio, adatto a un pubblico giovane e adulto.

Lettore ideale:

Persone appassionate di storie d'amore profonde e misteriose, con una predilezione per le ambientazioni notturne e per narrazioni psicologiche complesse.

Età:

18-45 anni

Interessi:

Romanticismo, psicologia delle relazioni, storie notturne, misteri, introspezione.

Bisogni:

Desiderio di esplorare le dinamiche nascoste delle relazioni, trovare una connessione con emozioni profonde e spesso inespresse.

Obiettivi:

Offrire un'esperienza di lettura che sia al tempo stesso emozionante, riflessiva e capace di far emergere le sfumature dell'animo umano.

Pagina di Diario Giornaliero - Avatar Cliente

Sentimento del giorno:

Curiosità e desiderio di esplorare l'ignoto.

Riflessioni:

Come si manifestano i desideri segreti nel mio modo di vivere le relazioni?

Obiettivi del giorno:

Esplorare una nuova prospettiva su una relazione o un'emozione che ho ignorato.

Recensioni Negative:

"La trama è troppo lenta in alcune parti."

"Mi aspettavo più azione e meno introspezione psicologica."

Recensioni Positive:

"Un libro che ti fa riflettere sulle emozioni nascoste."

"L'atmosfera notturna è coinvolgente e ti cattura dall'inizio alla fine."

Esercizi pratici di autovalutazione:

Scrivi di un momento in cui hai nascosto i tuoi veri sentimenti. Come ti sei sentito?

Riflessione: Quali emozioni provi durante la notte rispetto al giorno?

Risorse aggiuntive per approfondire:

Articoli su relazioni e comunicazione emotiva.

Indice:

Introduzione:

Un'introduzione all'atmosfera del romanzo e ai suoi temi principali.

Capitoli tematici:

Ombre del tramonto

Cuori segreti

Conclusione:

Riflessioni sui temi esplorati e sulle trasformazioni emotive Indice dei soggetti: Temi chiave e personaggi principali del romanzo.

Nota:

Appunti dell'autore sul processo creativo e su eventuali riferimenti culturali.

Biografia:

Breve biografia dell'autore e del suo percorso letterario.

Conclusione:

Riflessione finale su ciò che i lettori possono portare con sé dopo aver letto il romanzo.

Indice

Capitolo 6:

Capitolo 7:

Capitolo 8:

Biografia:

Capitolo 1:

Introduzione

Il sole stava calando, tuffandosi nell'orizzonte come un amante timido, e il mondo si preparava a indossare il suo mantello di mistero. In questa transizione, le strade si animavano di ombre e sussurri, e il profumo della notte si mescolava a quello dei desideri inconfessabili. Era un momento in cui le emozioni più profonde emergevano, come fiori notturni che sbocciano solo al chiaro di luna.

Martina si trovava in un caffè all'angolo della strada, il suo sguardo perso nel vuoto, mentre il suo cuore batteva in un ritmo che solo lei poteva sentire. La sua vita era una danza di segreti e vulnerabilità, e ogni volto che passava la faceva riflettere su ciò che realmente desiderava. **Il ballo della mezzanotte** era un concetto che la intrigava; un momento in cui tutto sembrava possibile, e le convenzioni si dissolvevano come nebbia al mattino.

Un uomo entrò nel caffè, la sua presenza era magnetica. I suoi occhi, scuri e profondi, sembravano scrutare l'anima di Martina. Lei si sentì esposta, come se il suo cuore pulsante fosse stato messo in mostra. Non sapeva se fosse il desiderio o la paura a guidarla, ma qualcosa in lui la attirava irresistibilmente. **Incontri proibiti** danzavano nella sua mente, e per un attimo, il mondo esterno svanì.

"Posso sedermi?" chiese l'uomo, rompendo il silenzio. La sua voce era calda, avvolgente. Martina annuì, il suo cuore accelerò. Era un momento semplice, eppure carico di tensione. Le parole si intrecciavano con i pensieri, creando un'atmosfera di elettricità palpabile. Ogni sguardo, ogni sorriso, era un passo più vicino a una rivelazione. **Rivelazioni notturne** che avrebbero potuto cambiare tutto.

La conversazione fluiva come un fiume, rivelando segreti e vulnerabilità. Martina parlava delle sue paure, dei sogni che aveva sepolto nel profondo della sua anima. L'uomo ascoltava attentamente, come se ogni parola fosse un pezzo di un puzzle che stava cercando di risolvere. In quel momento, il confine tra il giorno e la notte si dissolse, lasciando spazio a una connessione autentica e profonda.

Quando la luna si alzò nel cielo, il caffè si svuotò, ma per Martina e l'uomo, il tempo sembrava essersi fermato. **Oltre il buio** si apriva un mondo di possibilità, dove i desideri più intimi potevano finalmente trovare voce. La notte era diventata la loro complice, e in quel silenzio condiviso, entrambi capirono che le loro vite non sarebbero mai più state le stesse.

Il viaggio di Martina era solo all'inizio, e mentre il sole si preparava a sorgere, un nuovo giorno portava con sé la promessa di albe di redenzione, di scoperte e di un amore che si era finalmente liberato dalle catene della paura.

Ombre del tramonto

Il sole stava lentamente calando all'orizzonte, tuffandosi in un mare di sfumature arancioni e viola. In quel momento magico, la città iniziava a trasformarsi, i suoi abitanti si preparavano a liberarsi delle convenzioni del giorno. **Ombre lunghe** si allungavano sui marciapiedi, mentre i primi lampioni si accendevano, creando un'atmosfera di **mistero e attesa**.
Camminando lungo le strade deserte, Elena sentiva il battito del suo cuore accelerare. La notte era un **rifugio**, un luogo dove i segreti si svelavano e le emozioni si intensificavano. Ogni passo la portava più vicino a un incontro che sognava da tempo, un incontro che avrebbe potuto cambiare tutto. La sua mente

era un **vortice di pensieri**, oscillando tra il timore e l'eccitazione. Cosa sarebbe successo se avesse finalmente rivelato i suoi sentimenti?

Nel frattempo, Marco si preparava per la serata. La sua vita quotidiana era una **maschera**, un gioco di facciata che nascondeva il suo vero io. La vita notturna lo chiamava, promettendo avventure e **passioni inconfessabili**. Ogni volta che varcava la soglia del club, si sentiva rinato, libero di esplorare i lati più oscuri della sua personalità. Ma c'era un'ombra che lo seguiva, un **rimorso** per le scelte fatte, che lo tormentava ogni volta che si trovava solo con i suoi pensieri.

Quando Elena e Marco si incontrarono, fu come se il tempo si fosse fermato. I loro sguardi si incrociarono, e in quel momento, entrambi capirono che la notte aveva un **potere** unico, capace di rivelare la verità più profonda dei loro cuori. I loro desideri, fino a quel momento sepolti, cominciarono a emergere, danzando come le ombre attorno a loro. **La luna**, testimone silenziosa di quel momento, brillava alta nel cielo, illuminando i loro volti e le loro emozioni.

Il dialogo che seguì fu carico di tensione, ogni

parola pesava come un **macigno** e ogni silenzio era carico di significato. Elena si sentiva vulnerabile, ma al contempo, c'era una forza dentro di lei che la spingeva a esprimere ciò che aveva tenuto nascosto per troppo tempo. Marco, d'altra parte, si trovava a dover affrontare le sue paure, il timore di essere rifiutato, di non essere all'altezza delle aspettative. Ma la notte, con il suo **mistero** e la sua magia, li avvolgeva in un abbraccio protettivo.

Quando finalmente le parole uscirono dalle loro bocche, fu come se un **veleno** fosse stato espulso dai loro cuori. Le confessioni, i sogni e le paure si intrecciavano, creando un legame profondo che si alimentava della vulnerabilità e della sincerità. In quel momento, entrambi sapevano di aver varcato una soglia, un **confine** tra il giorno e la notte, e che nulla sarebbe stato più come prima.

Introduzione ai protagonisti e alla loro vita diurna. I primi segnali delle passioni nascoste iniziano a emergere con il calare del sole.

Nel cuore pulsante della città, dove il frastuono del giorno si dissolve lentamente, i protagonisti di questa storia iniziano a prendere forma. **Giulia**, una giovane artista, vive la sua vita diurna immersa in una routine monotona, circondata da colori e pennelli, ma il suo cuore è **inquieto**. Ogni giorno, mentre il sole si alza nel cielo, i suoi desideri più profondi rimangono sepolti sotto strati di convenzioni sociali e aspettative. La sua vera essenza emerge solo quando la notte avvolge la città, portando con sé un senso di libertà e scoperta.

Accanto a lei c'è **Marco**, un avvocato di successo, la cui vita sembra perfetta agli occhi degli altri. Tuttavia, sotto la superficie lucida della sua carriera, si nasconde un **vuoto** che lo tormenta. Le sue notti sono spesso trascorse in compagnia di sconosciuti, alla ricerca di un contatto umano che la sua vita frenetica gli nega. Quando cala il buio, Marco si sente finalmente libero di esplorare le sue emozioni, ma il timore di rivelare i suoi veri sentimenti

lo tiene prigioniero in un labirinto di **paure** e insicurezze.

La vita diurna di Giulia e Marco si intreccia in modi inaspettati, mentre entrambi iniziano a percepire i primi segnali delle loro passioni nascoste. I loro sguardi si incrociano in un caffè affollato, dove le conversazioni si mescolano al profumo del caffè e al suono delle tazzine. In quel momento, un **brivido** attraversa le loro anime, un'intesa silenziosa che anticipa ciò che accadrà quando la notte si farà più profonda.

Con l'arrivo del crepuscolo, Giulia si ritrova a vagare per le strade illuminate dai lampioni, il suo spirito libero e inquieto. Incontra **Alessandro**, un misterioso musicista che suona la chitarra in un angolo della piazza. La sua musica, carica di **emozione** e malinconia, risuona nel cuore di Giulia, risvegliando in lei desideri sopiti. Alessandro rappresenta tutto ciò che Giulia ha sempre desiderato: la libertà di esprimersi senza paura di essere giudicata.

Intanto, Marco si ritrova in un club esclusivo, dove la musica pulsante e le luci soffuse creano un'atmosfera di **magia** e mistero. Qui incontra **Sofia**, una donna affascinante e intrigante, che lo sfida a guardare oltre le sue insicurezze. I loro scambi sono carichi di tensione, e Marco si rende conto che la notte ha il potere di rivelare le sue vulnerabilità e i suoi desideri più reconditi.

Con l'avanzare della notte, Giulia e Marco si trovano a esplorare non solo il mondo esterno, ma anche le loro **interiorità**. Le passioni nascoste iniziano a farsi strada, promettendo un viaggio emozionante e trasformativo, dove ogni incontro potrebbe rivelarsi decisivo nel loro cammino verso la scoperta di sé.

Capitolo 2:

Introduzione

La vita di Clara scorreva come un fiume tranquillo, fino a quando non si imbatté in Marco, un uomo avvolto da un'aura di mistero che sembrava emergere dalle tenebre stesse. Ogni sera, dopo il lavoro, Clara si rifugiava in un bar nascosto, lontano dagli sguardi indiscreti. Era lì che la sua vita cambiò, quando incrociò lo sguardo di Marco. **Il suo sorriso enigmatico** e la sua voce profonda la catturarono immediatamente, risvegliando in lei desideri che pensava di aver sepolto per sempre.

Marco era un artista, un pittore che trascorreva le notti a immortalare la bellezza della vita notturna. Ogni pennellata raccontava storie di amori perduti e passioni inconfessabili. Clara si sentiva attratta da lui come una falena verso la fiamma, ignara del pericolo che l'attendeva. **Le sue opere** erano un riflesso delle sue emozioni più profonde, un linguaggio visivo che parlava di vulnerabilità e desiderio.

Le serate trascorse insieme si trasformarono in un rituale. Ogni incontro era carico di tensione e attesa, un gioco di sguardi e parole non dette. Clara si sentiva viva come non mai, ma allo stesso tempo avvertiva il peso di un segreto che cresceva dentro di lei. **La paura di essere scoperta** la tormentava, ma l'attrazione per Marco era troppo forte per resistere.

In una di quelle notti, mentre la luna illuminava la stanza con la sua luce argentata, Marco le svelò un pezzo della sua anima. Raccontò di un amore perduto, di un cuore spezzato che lo aveva portato a rifugiarsi nella notte. Clara si rese conto che anche lui portava il peso di una vulnerabilità, e questo la avvicinò ancora di più a lui. **Le loro storie si intrecciavano**, creando un legame profondo e inaspettato.

Ma la vita notturna nascondeva insidie. Ogni incontro diventava un rischio, ogni bacio rubato un passo verso l'ignoto. Clara cominciò a chiedersi se il loro amore potesse resistere alla luce del giorno. **La dualità tra il giorno e la notte** si rifletteva nei loro cuori, un conflitto tra ciò che desideravano e ciò che temevano.

Le emozioni si intensificavano, e Clara si trovò a fronteggiare le proprie paure. La notte, con i suoi misteri e le sue promesse, diventava un rifugio, ma anche una prigione.

Marco rappresentava tutto ciò che desiderava, ma il suo passato era un'ombra che minacciava di sopraffarla. **La lotta interiore** di Clara si intensificava, mentre si chiedeva se fosse disposta a rischiare tutto per un amore così profondo e complesso.

In questo gioco di luci e ombre, Clara e Marco si trovarono a esplorare non solo il loro amore, ma anche le sfide che ogni relazione comporta. La notte, complice silenziosa, diventava teatro delle loro emozioni, rivelando segreti e desideri che entrambi avevano paura di affrontare. **La vera domanda era**: sarebbero riusciti a trovare la luce anche nell'oscurità?

Cuori segreti

La notte era scesa silenziosa, avvolgendo la città in un abbraccio oscuro, e con essa, i cuori dei protagonisti iniziavano a rivelare ciò che durante il giorno rimaneva celato. Le vie illuminate dai lampioni diventavano lo sfondo di incontri casuali, di sguardi sfuggenti e di emozioni che, nel buio, trovavano il coraggio di emergere. Qui, sotto il manto della notte, ogni piccolo gesto assumeva un nuovo peso. Una mano sfiorata per caso, un respiro trattenuto troppo a lungo, e improvvisamente il silenzio tra due persone sembrava rimbombare come un grido.

Giulia, che fino a quel momento si era rifugiata dietro la sua maschera di compostezza, si ritrovava ora in preda a un tumulto interiore. Ogni volta che incrociava lo sguardo di Luca, qualcosa di indescrivibile si agitava dentro di lei. Non era solo attrazione, ma una connessione profonda, quasi primordiale, che la destabilizzava. Quell'intesa non detta, quei momenti rubati all'oscurità, sembravano promettere un futuro in cui le convenzioni sociali e le paure non avevano più alcun potere.

Luca, d'altro canto, sembrava percepire ogni minima sfumatura di quella tensione. I suoi occhi seguivano ogni movimento di Giulia, come se cercassero di leggere oltre le parole che non riuscivano a dirsi. Ma per quanto forte fosse il desiderio, c'era sempre una barriera invisibile, un confine che entrambi temevano di attraversare. Era quella linea sottile tra il desiderio e la distruzione che li teneva in bilico, incapaci di avanzare, ma altrettanto incapaci di indietreggiare.

In quei momenti, il non detto diventava quasi più forte delle parole. Ogni sguardo, ogni gesto, ogni respiro trattenuto sembrava gridare ciò che non poteva essere pronunciato. Il mondo intorno a loro si dissolveva, lasciando solo i loro cuori in lotta. Ma era una lotta silenziosa, segreta, che li consumava poco a poco.

Anna, che li osservava da lontano, percepiva tutto senza capire appieno. Anche lei, in fondo, nascondeva i propri segreti. Un amore inespresso, una passione che non aveva mai avuto il coraggio di confessare. Ogni volta che vedeva Giulia e Luca insieme, sentiva una fitta nel cuore, ma non sapeva se fosse gelosia o rassegnazione. Si chiedeva se, come loro, anche lei avrebbe mai trovato il coraggio di lasciarsi andare, di permettere alle sue emozioni di fluire liberamente senza paura del giudizio.

Le strade vuote della città diventavano il loro palcoscenico. Sotto la luce della luna, ogni emozione sembrava amplificata, ogni pensiero nascosto diventava palpabile. Giulia, Luca e Anna erano tutti prigionieri dei loro cuori segreti, eppure nessuno di loro sapeva come liberarsene. Forse, pensavano, era proprio questo il destino degli amanti della notte: vivere per sempre sospesi tra il desiderio e la paura, tra la luce e l'ombra.

Le giornate continuavano a trascorrere, ma la

notte rimaneva il loro regno, il solo luogo in cui le loro verità potevano emergere, seppur velate di mistero. Era come se il tempo stesso si fermasse, permettendo loro di vivere in quel limbo di emozioni inespresse. Ma per quanto ancora sarebbero riusciti a trattenere ciò che davvero sentivano? Ogni notte che passava sembrava avvicinarli sempre più a un punto di non ritorno, a quel momento in cui tutto sarebbe cambiato per sempre.

E così, nel silenzio complice della notte, i loro cuori segreti continuavano a battere, più forte che mai, in attesa del momento in cui la verità sarebbe finalmente venuta alla luce.

Capitolo 3

Il ballo della mezzanotte

La musica avvolgeva la sala come un velo di mistero, mentre le ombre danzavano sulle pareti ornate. Era **la notte** in cui tutto era possibile, in cui i desideri si mescolavano con la realtà, creando un'atmosfera di **magia e tensione**. I partecipanti al ballo della mezzanotte, vestiti con abiti eleganti e maschere elaborate, si muovevano con grazia, ignari delle **passioni nascoste** che pulsavano sotto la superficie.

Tra la folla, due figure si distaccavano. I loro sguardi si incrociarono per un attimo, e il mondo intorno a loro svanì. Lei, con un abito di satin nero che abbracciava le sue curve, emanava un fascino irresistibile. Lui, un misterioso sconosciuto, indossava una maschera che nascondeva la sua identità, ma non la sua **intensità**. Il loro incontro era destinato a essere **indimenticabile**.

La musica cambiò, e una melodia lenta iniziò a diffondersi, invitando gli ospiti a unirsi in un **ballo sensuale**. I due protagonisti si avvicinarono, il battito dei loro cuori si sincronizzò, creando un'armonia perfetta.

Ogni passo era un **gioco di seduzione**, un invito a esplorare non solo il corpo dell'altro, ma anche le **vulnerabilità** nascoste.

«Non so chi tu sia», sussurrò lei, la voce tremante di emozione. «Ma sento che questa notte è speciale.»

«A volte, è nei momenti più **inaspettati** che scopriamo le parti più profonde di noi stessi», rispose lui, il suo sguardo penetrante che scrutava l'anima di lei. Le parole fluirono come un fiume in piena, rivelando desideri e paure che nessuno dei due aveva mai osato esprimere.

Mano nella mano, si allontanarono dalla folla, cercando un angolo appartato dove il mondo esterno potesse svanire. La luna, complice silenziosa, illuminava il loro cammino, riflettendo la **luce dei loro segreti**. Ogni sussurro, ogni risata, si mescolava con il fruscio dei vestiti e il profumo della notte, creando un'atmosfera di **intimità** e connessione.

Ma la notte ha i suoi misteri e le sue insidie. Mentre i due si avvicinavano sempre di più, un'ombra si profilò all'orizzonte, un **passato** che minacciava di tornare a galla. Un volto familiare, un ricordo scomodo, e la realtà si fece strada tra i sogni. La loro danza, così perfetta, iniziò a vacillare, come se il tempo stesso si fosse fermato.

«Cosa succede quando l'alba arriva?» chiese lei, il timore di un risveglio brusco che si rifletteva nei suoi occhi. «Cosa saremo noi al di là di questa notte?»

Il misterioso sconosciuto la guardò intensamente, consapevole che ogni risposta avrebbe potuto cambiare il corso della loro storia. Ma in quel momento, in quel **ballo della mezzanotte**, tutto ciò che contava era la loro connessione, un legame che sfidava il tempo e lo spazio, un **amore segreto** pronto a sbocciare.

Un evento notturno svela le vere emozioni dei protagonisti, dando inizio a una serie di incontri proibiti.

La serata era avvolta da un **velum di mistero**, mentre la musica si diffondeva nell'aria, creando un'atmosfera quasi **magica**. I protagonisti, immersi in un **gioco di sguardi furtivi**, si ritrovarono a danzare sulle note di una melodia che parlava di **desideri inconfessabili**. Ogni passo, ogni movimento, sembrava svelare un pezzo della loro anima, celato fino a quel momento.

Nel cuore della festa, **l'illuminazione soffusa** giocava con le ombre, rendendo i volti dei presenti **enigmatici** e **affascinanti**. Tra le risate e i bisbigli, emergono le prime **confessioni**. Sara, con il cuore in tumulto, si avvicina a Marco, il suo sguardo carico di **emozioni represse**. "Non posso più nascondere ciò che sento," sussurra, mentre il mondo intorno a loro sembra svanire.

Marco, colpito dalla sincerità di Sara, risponde con un sorriso che tradisce la sua **vulnerabilità**. "Anch'io ho paura di ciò che potrebbe accadere," ammette, mentre le loro mani si sfiorano, creando un **collegamento** invisibile ma potente. In quel momento, il **tempo si ferma**, e la musica diventa un **eco** delle loro paure e speranze.

Ma non sono solo loro a vivere questa **trasformazione**. Nella sala, altri protagonisti si scambiano sguardi carichi di **intensità**. Luca, osservando da lontano, si sente attratto da Giulia, una ragazza dal fascino **misterioso**. I loro incontri precedenti erano stati brevi e superficiali, ma quella notte, la **magia** dell'evento notturno sembrava promettere qualcosa di più. "Cosa ci riserva il destino?" si chiede Luca, mentre si avvicina a lei.

Giulia, con un sorriso enigmatico, risponde: "A volte, è solo la **notte** che può rivelare i nostri **segreti più profondi**." Le parole fluiscono come un **fiume** in piena, e Luca sente il **richiamo** di una connessione che va oltre il semplice attrazione. In quel momento, entrambi comprendono che la **paura** di ciò che potrebbe accadere è solo un **ostacolo** da superare.

Man mano che la serata avanza, i protagonisti si ritrovano sempre più coinvolti in **incontri proibiti**, dove le emozioni emergono come **ombre danzanti** nella luce della luna. Ogni scambio di parole, ogni gesto, diventa un **passo verso l'ignoto**, un viaggio che li porterà a scoprire non solo gli altri, ma anche se stessi.

La notte, con il suo **mistero** e la sua **magia**, si fa testimone di queste **trasformazioni**, mentre i protagonisti iniziano a comprendere che, per affrontare i propri **demoni**, è necessario abbracciare le **verità nascoste** e lasciarsi guidare dai **desideri** più autentici.

Capitolo 4:

Introduzione

Il **ballo della mezzanotte** era un evento atteso con trepidazione da tutti gli abitanti della città. Ogni anno, quando la luna si ergeva alta nel cielo, le strade si animavano di luci e colori, e la musica riempiva l'aria di promesse e segreti. Era un momento in cui le maschere nascondevano volti e le identità si mescolavano, creando un'atmosfera di **mistero** e **magia**.

Tra la folla danzante, **Elena** si sentiva viva come mai prima. Indossava un abito di velluto blu scuro, che rifletteva la luce della luna, e una maschera ornata di piume che le conferiva un'aria di **enigmaticità**. Ogni passo che faceva la avvicinava a un mondo in cui le convenzioni sociali svanivano, lasciando spazio ai **desideri** e alle **passioni** più nascoste.

La musica pulsava nel suo cuore mentre si muoveva tra i danzatori. Riconosceva alcuni volti, ma molti erano estranei, eppure, in quella notte, tutti sembravano condividere un

linguaggio comune: quello del **desiderio** e della **libertà**. Ogni sguardo scambiato era carico di significato, ogni sorriso un invito a scoprire l'ignoto.

Fu in quel momento che lo vide. Un giovane con un **cappotto nero** e una maschera che nascondeva gran parte del suo viso, ma i cui occhi brillavano come **stelle** nel buio. Si avvicinò a lei, e il mondo attorno a loro sembrò dissolversi. Non c'erano più regole, solo una **connessione** immediata, un'intesa che sfidava la ragione.

"Vuoi ballare?" chiese, la sua voce profonda e seducente. Elena annuì, e insieme si lasciarono trasportare dalla musica. Ogni movimento era un **gioco di seduzione**, un passo verso l'ignoto. Mentre danzavano, il tempo sembrava fermarsi, e la realtà si dissolveva in un turbinio di emozioni e sensazioni.

Intanto, attorno a loro, le altre coppie si muovevano in una coreografia di **passioni** e **segreti**. Ogni ballo raccontava una storia, ogni coppia celava un **desiderio** inconfessabile.

La notte era un **teatro** di anime in cerca di risposte, di amori perduti e ritrovati.

Ma, come tutte le notti, anche quella doveva giungere al termine. La luna iniziava a calare, e con essa il velo di **mistero** che avvolgeva il ballo. Elena sapeva che, una volta tolta la maschera, sarebbero tornati a essere estranei nel **giorno**, ma in quel momento, nulla sembrava più importante.

"Ti rivedrò?" chiese, il cuore in tumulto. Il giovane sorrise, ma le sue parole erano avvolte da un **ambiguità** che la lasciò con più domande che risposte. "La notte ha i suoi segreti. Forse, un giorno, li scoprirai."

Incontri proibiti

La città, avvolta nel silenzio della notte, si trasformava in un palcoscenico di emozioni e segreti. I lampioni, con la loro luce tremolante, proiettavano ombre danzanti sui marciapiedi, creando un'atmosfera che invitava a scoprire ciò che si nascondeva dietro ogni angolo. In questo contesto, i nostri protagonisti si trovavano a vivere incontri che sfidavano le convenzioni e le aspettative, dove **l'attrazione** si mescolava con il **pericolo**.

Camilla e Marco si incontrarono per caso in un bar, un luogo che sembrava pulsare di vita e mistero. I loro sguardi si incrociarono, e in quel momento, entrambi sentirono un **richiamo irresistibile**. Le conversazioni iniziarono a fluire come un fiume in piena, mentre si raccontavano storie di amori perduti e sogni infranti. Ogni parola era un tassello che si incastrava perfettamente, rivelando un'intesa profonda e inaspettata.

Ma c'era un **segreto** che aleggiava tra di loro, un'invisibile barriera che impediva a Camilla di lasciarsi andare completamente. Marco, dal canto suo, era affascinato dalla sua vulnerabilità, un aspetto che lo spingeva a volerla proteggere. I loro incontri si ripetevano, sempre più carichi di tensione e desiderio, ma anche di una **paura** opprimente di ciò che avrebbero potuto scoprire l'uno dell'altra.

Una notte, sotto il chiarore della luna, decisero di incontrarsi in un parco. L'atmosfera era magica, e il fruscio delle foglie sembrava accompagnare i battiti dei loro cuori. Qui, finalmente, si abbandonarono a un **bacio** che racchiudeva tutte le emozioni represse. Ma quel momento di passione fu interrotto da un rumore improvviso, un richiamo della realtà che li riportò bruscamente alla loro situazione. Si guardarono, entrambi consapevoli che il loro amore era **proibito**, un sentimento che non avrebbero potuto condividere con il mondo esterno.

Le notti trascorse insieme divennero un rifugio, un modo per sfuggire alle aspettative e alle pressioni quotidiane. Ogni incontro era un **atto di ribellione**, un affermazione della loro libertà. Ma la consapevolezza di vivere in un **gioco pericoloso** li portava a riflettere sulle conseguenze delle loro scelte. Camilla si sentiva divisa tra il desiderio di vivere pienamente l'amore e la paura di perderlo, mentre Marco lottava con la sua stessa vulnerabilità.

Alla fine, gli **incontri proibiti** divennero un viaggio di scoperta interiore. Entrambi capirono che, per quanto il loro amore fosse avvolto da ombre e segreti, esso rappresentava anche un'opportunità per **trasformarsi** e affrontare le proprie paure. La notte, con la sua magia e i suoi misteri, diventava un alleato, un complice che li guidava verso una nuova consapevolezza. E così, tra sussurri e promesse, i due amanti si preparavano a scrivere il loro destino, un capitolo alla volta.

Le dinamiche delle relazioni proibite si complicano e l'intimità tra i personaggi raggiunge nuove profondità.

Un'atmosfera di **tensione palpabile** aleggia tra i protagonisti, mentre i loro sguardi si incrociano in un gioco di **desideri inconfessabili**. Ogni incontro, ogni parola sussurrata nel buio, diventa un tassello di un mosaico complesso, dove l'intimità si intreccia con la **paura di essere scoperti**. Le relazioni proibite non sono solo un riflesso di attrazione fisica; sono un viaggio profondo nell'animo umano, dove le vulnerabilità vengono a galla e i segreti si trasformano in **legami indissolubili**.

In questo contesto, il **tempo** gioca un ruolo cruciale. Le notti si allungano, e con esse le conversazioni diventano sempre più **intime**. I protagonisti si ritrovano a esplorare non solo il corpo dell'altro, ma anche le **emozioni** che si celano dietro ogni gesto. Ogni risata condivisa, ogni silenzio carico di significato, li avvicina sempre di più, rendendo le loro interazioni un **tessuto di complicazioni** emotive.

Ma non è solo l'attrazione a tenere insieme queste relazioni. C'è un **bisogno profondo** di connessione, un desiderio di essere visti e compresi in un mondo che spesso ignora le sfumature dell'animo umano. I protagonisti, nel loro **cammino** attraverso la notte, si confrontano con le loro paure più intime, rivelando parti di sé che mai avrebbero immaginato di condividere. Ogni confessione diventa un **atto di coraggio**, un passo verso la libertà di essere autentici.

Le dinamiche di queste relazioni si complicano ulteriormente quando entrano in gioco fattori esterni: **giudizi sociali**, aspettative familiari e le ombre del passato. Ogni personaggio porta con sé un bagaglio di esperienze che influisce sulle loro scelte e sulle interazioni. La lotta tra il **desiderio** di seguire il cuore e la necessità di conformarsi alle norme sociali crea un conflitto interno che li spinge a prendere decisioni difficili.

In questo labirinto di emozioni, la **luna** diventa un simbolo di speranza e di fuga. I protagonisti si rifugiano sotto il suo chiarore, trovando conforto e ispirazione per affrontare le loro paure. La luna, complice silenziosa, illumina i loro cammini, mentre essi si avventurano in un **viaggio emotivo** che li trasforma e li costringe a confrontarsi con i propri limiti.

Ogni notte è un **nuovo inizio**, un'opportunità per esplorare le profondità dell'amore e della vulnerabilità. Le relazioni proibite non sono solo una questione di passione; sono un **viaggio** verso la scoperta di sé, un modo per comprendere che, a volte, è necessario affrontare l'ignoto per trovare la vera **felicità**.

Capitolo 5:

Introduzione

La notte si era distesa come un velo di seta sul mondo, avvolgendo tutto in un abbraccio profondo e misterioso. Le luci della città brillavano come stelle cadute, mentre i suoni del giorno si affievolivano, lasciando spazio a un silenzio carico di promesse. In questo contesto, i sentimenti più reconditi iniziavano a prendere forma, come ombre danzanti nel buio.

Marco, un giovane sognatore, si trovava in un bar all'angolo di una strada poco illuminata. Il profumo del caffè si mescolava a quello del tabacco, creando un'atmosfera intima e avvolgente. **La sua mente era un turbinio di pensieri**, mentre il suo sguardo si perdeva in lontananza, cercando di afferrare il significato di emozioni che sembravano sfuggirgli. Era un amante della notte, ma non per il semplice desiderio di divertirsi. La notte era il suo rifugio, il momento in cui le sue paure e i suoi sogni si intrecciavano.

Accanto a lui, Laura, una donna dai capelli corvini e dagli occhi penetranti, si unì a lui. **La loro connessione era immediata**, come se si conoscessero da sempre. Entrambi portavano il peso di segreti non detti, di desideri inconfessabili che pulsavano sotto la superficie. La conversazione scorreva fluida, ma ogni parola era carica di significato, ogni risata un modo per mascherare ciò che realmente sentivano.

"Ti sei mai chiesto cosa ci sia oltre il buio?" chiese Marco, rompendo il silenzio che si era creato. Laura lo guardò, sorpresa dalla profondità della domanda. **"Forse è lì che si nascondono le verità più importanti"**, rispose, il suo tono un misto di curiosità e vulnerabilità. In quel momento, entrambi capirono che stavano per intraprendere un viaggio emotivo, un percorso che li avrebbe portati a esplorare le loro anime.

La luna, alta nel cielo, sembrava ascoltare la loro conversazione, fungendo da complice silenziosa. Ogni parola pronunciata era un passo verso la rivelazione, un'apertura verso il mondo dei sentimenti che avevano sempre temuto di affrontare. **Il ballo della mezzanotte** era il loro palcoscenico, e ogni movimento, ogni sguardo, era carico di tensione e desiderio.

Marco sentì un brivido corrergli lungo la schiena. **"Cosa faresti se potessi liberarti da ogni paura?"** chiese, il cuore che batteva forte. Laura si fermò a riflettere, il suo viso illuminato dalla luce soffusa del bar. **"Sarei finalmente me stessa,"** rispose, la voce tremante. Era un ammissione coraggiosa, un'apertura che avrebbe potuto cambiare tutto.

In quel momento, entrambi capirono che la notte non era solo un momento di evasione, ma un **palcoscenico per la trasformazione**. Mentre il mondo dormiva, i loro cuori iniziavano a danzare, a liberarsi dalle catene invisibili che li avevano tenuti prigionieri. La vera avventura stava per cominciare.

La luna come complice

La luna, con il suo **luce argentata**, si ergeva maestosa nel cielo notturno, come un **testimone silenzioso** delle passioni che si svolgevano sotto il suo sguardo. In quella notte, le strade erano deserte, e l'aria era pregna di un **mistero palpabile** che avvolgeva ogni angolo. I protagonisti, avvolti nel **velato abbraccio** della notte, si trovavano a fronteggiare le loro verità più profonde.

Le ombre danzavano attorno a loro, creando un **palcoscenico** ideale per le confessioni inconfessabili. Era come se la luna, in tutta la sua **splendida solitudine**, avesse il potere di liberare i cuori prigionieri, permettendo a sentimenti inaspettati di emergere. In quel momento, ogni parola sussurrata, ogni sguardo furtivo, sembrava carico di **intensità e vulnerabilità**.

Un incontro casuale si trasformava in un **gioco di seduzione**, dove i protagonisti si scoprivano l'uno nell'altro, esplorando i confini delle loro emozioni. La luna, complice dei loro segreti, illuminava le loro paure e i loro desideri, rendendo ogni attimo **indimenticabile**. Era in questo spazio crepuscolare che le **relazioni si intensificavano**, superando le barriere imposte dalla società.

La vita notturna, con il suo **fascino oscuro**, era un rifugio per anime perdute, e in quel rifugio, i protagonisti si abbandonavano a una **danza di emozioni**. Ogni passo, ogni movimento, era un **invito a scoprire** l'altro, a lasciarsi andare alle passioni che si celavano nel profondo. Era un **viaggio emotivo** che li portava a confrontarsi con le loro vulnerabilità, a mettere in discussione le loro scelte e a cercare risposte in un mondo che sembrava avvolto nel **silenzio della notte**.

Ma la luna, in tutta la sua **maestosità**, non era solo un simbolo di bellezza; era anche un

riflesso delle loro ansie e dei loro sogni. Ogni raggio di luce che filtrava tra le nuvole era un promemoria delle **aspettative** e delle **delusioni** che portavano nel cuore. In questo contrasto, i protagonisti si trovavano a esplorare il **confine sottile** tra il desiderio e la paura, tra la vulnerabilità e la forza.

Quando il sole cominciava a sorgere, portando con sé la **luce del giorno**, i protagonisti erano costretti a confrontarsi con la realtà. La luna, complice dei loro segreti, si ritirava, lasciando spazio a una nuova **giornata** carica di promesse e incertezze. Ma ciò che avevano vissuto sotto il suo sguardo rimaneva impresso nei loro cuori, un **eco di emozioni** che avrebbe continuato a risuonare anche quando la notte sarebbe tornata.
Sotto la luce della luna, si creano alleanze inaspettate e segreti che cambieranno il corso delle relazioni.

Sotto la luce della luna, i protagonisti si ritrovano a intrecciare destini in modi inaspettati. La notte, con il suo velo di mistero, diventa il palcoscenico ideale per rivelazioni e connessioni profonde. In questo contesto, **le emozioni si amplificano**, e ogni sguardo, ogni tocco, sembra carico di significato. Non è solo un incontro fisico, ma un vero e proprio **viaggio emotivo** che porta i personaggi a confrontarsi con le loro vulnerabilità.

Man mano che la luna si alza nel cielo, i segreti iniziano a emergere. **Le parole non dette** diventano pesanti, e i silenzi si trasformano in ponti per una comunicazione che va oltre il linguaggio. I protagonisti si trovano a condividere **frammenti di verità** che avevano tenuto nascosti, creando un'atmosfera di intimità che solo la notte può offrire. Questo scambio di confidenze non è privo di rischi; ogni rivelazione è un passo verso l'ignoto, un salto nel buio che potrebbe cambiare le loro vite per sempre.

Le alleanze che si formano sotto il cielo stellato sono fragili ma incredibilmente potenti. I legami si intrecciano, e le dinamiche delle relazioni si evolvono in modi sorprendenti. **Un semplice gesto**, come una mano che sfiora un'altra, può scatenare una tempesta di emozioni, portando i personaggi a riflettere su ciò che realmente desiderano. La notte diventa così un **catalizzatore di trasformazione**, dove ogni incontro è un'opportunità per esplorare la propria anima e quella degli altri.

In questo universo crepuscolare, i desideri più profondi e le paure più oscure si svelano. I protagonisti si trovano a lottare non solo con le loro relazioni, ma anche con **l'immagine di se stessi** che hanno costruito nel corso degli anni. La vulnerabilità diventa una forza, e la notte, con la sua magia, offre uno spazio sicuro per affrontare queste sfide. Ogni personaggio, a modo suo, si rende conto che l'amore non è solo un sentimento, ma un **percorso di crescita**.

Man mano che la luna si sposta nel cielo, i protagonisti devono affrontare le conseguenze delle loro scelte. Le alleanze formate nella penombra possono rivelarsi sia una benedizione che una maledizione. **La tensione cresce**, e i segreti che un tempo sembravano innocui ora pesano come macigni. La sfida è capire se queste nuove connessioni sapranno resistere alla prova del tempo o se, al contrario, si dissolveranno all'alba, lasciando solo un'eco di ciò che avrebbe potuto essere.

In questo scenario notturno, il lettore è invitato a riflettere su come le relazioni si formino e si trasformino, e su come ogni scelta possa avere ripercussioni inaspettate. La notte, con tutte le sue complessità, diventa un **riflesso della nostra interiorità**, un luogo dove i sogni e i desideri si intrecciano in modi straordinari.

Capitolo 6:

Introduzione

La notte avvolgeva la città in un abbraccio silenzioso, le luci dei lampioni si riflettevano sulle pozzanghere come stelle cadute. In questo **misterioso scenario**, Elena si trovava a passeggiare lungo le strade deserte, il cuore in tumulto. Ogni passo la avvicinava a un segreto che aveva cercato di ignorare per troppo tempo.

Era un **momento di introspezione**, un'occasione per confrontarsi con i propri sentimenti. La luna, alta nel cielo, sembrava osservare ogni sua mossa, come se fosse una complice silenziosa delle sue paure. Elena ricordava il primo incontro con Marco, la scintilla che si era accesa tra di loro, un **legame intenso** che sembrava sfidare il tempo e lo spazio.

Ma ora, quel legame era minacciato da ombre di incertezze. Marco, con il suo sorriso enigmatico e i suoi sguardi penetranti, era diventato il **centro del suo universo**. Tuttavia, la paura di rivelare i propri sentimenti la bloccava. Si chiedeva se anche lui provasse lo stesso, se dietro quel comportamento apparentemente indifferente si nascondesse un cuore vulnerabile.

Il **ballo della mezzanotte** si avvicinava, un evento che prometteva di essere indimenticabile. Elena sapeva che sarebbe stata l'occasione perfetta per avvicinarsi a Marco, ma il timore di un rifiuto le stringeva lo stomaco. Le parole che non riusciva a pronunciare si accumulavano nella sua mente, creando un **vortice di emozioni** che la paralizzava.

Quella notte, mentre il mondo esterno si addormentava, il suo cuore si risvegliava. Ogni suono, ogni ombra sembrava amplificare le sue emozioni. Le strade deserte riflettevano la sua solitudine, ma anche il suo **desiderio di connessione**. Elena si fermò, chiudendo gli occhi per un momento, cercando di ascoltare il battito del suo cuore. Era il momento di affrontare le sue paure.

Il **mistero della vita notturna** la circondava, eppure, in quel silenzio, sentiva che la vera sfida era dentro di lei. Con un respiro profondo, decise di non lasciarsi sopraffare. La luna, testimone dei suoi pensieri, sembrava incoraggiarla a essere audace. "Forse è il momento di rivelare il mio cuore", pensò.

Con determinazione, Elena si diresse verso il luogo del ballo. Ogni passo era un **atto di coraggio**, ogni battito del cuore un invito a vivere. La musica la chiamava, e con essa, la possibilità di scoprire un amore profondo e autentico. La notte era giovane e, con essa, i suoi sogni.

Quando finalmente arrivò, il **luogo era incantevole**, illuminato da luci soffuse e circondato da volti sorridenti. Elena si sentì subito avvolta dall'atmosfera festosa. Ma il suo sguardo cercava Marco, il suo pensiero fisso. Avrebbe trovato il coraggio di affrontarlo? La risposta era nell'aria, pronta per essere svelata.

Oltre il buio

La notte, con il suo manto di mistero, si stendeva sopra la città come un velo di velluto scuro. In questo **silenzio carico di attesa**, i pensieri si affollavano nella mente di Elena, una giovane donna che si trovava a un bivio tra il desiderio e la paura. Ogni passo che faceva la portava più vicino a un segreto che aveva custodito gelosamente, un amore che si era sviluppato nell'ombra, lontano dagli sguardi indiscreti della società.

Elena si era sempre sentita a suo agio nel

buio, dove le **emozioni più profonde** emergevano come spettri danzanti. La luce del giorno, con la sua chiarezza implacabile, sembrava soffocare i suoi veri sentimenti, costringendola a indossare una maschera di normalità. Ma quando il sole tramontava, la sua anima si liberava, permettendole di esplorare le **vulnerabilità** e i **desideri** che la definivano.

Quella sera, il richiamo della luna era irresistibile. Elena si trovava nel parco, un luogo che conosceva bene, dove le ombre si allungavano e i sussurri della notte sembravano promettere avventure. Qui, in questo **rifugio segreto**, aspettava Marco, l'uomo che aveva rubato il suo cuore con uno sguardo. Era un incontro proibito, avvolto da un'aura di **mistero** e **passione**, eppure ogni istante trascorso con lui era un viaggio verso una nuova consapevolezza.

Quando finalmente apparve, il suo sorriso illuminò l'oscurità. Marco non era solo un amante; era anche un confidente, qualcuno con cui Elena poteva condividere i suoi pensieri più intimi. Insieme, si immergevano in conversazioni profonde, esplorando le sfumature dell'animo umano. Ogni parola scambiata era un passo oltre il buio, un modo per affrontare le **paure** che entrambi portavano dentro di sé.

"Perché ci nascondiamo?" chiese Elena, mentre il vento notturno accarezzava i loro volti.

"Perché non possiamo vivere alla luce del giorno?" Marco la guardò intensamente, come se stesse cercando di decifrare il mistero che si celava nei suoi occhi. "Forse," rispose, "è proprio nel buio che troviamo la nostra vera essenza. Qui, possiamo essere chi siamo davvero."

Quella conversazione segnò un punto di svolta. Elena iniziò a comprendere che il buio non era solo un luogo di **segreti**, ma anche un **spazio di libertà**. La notte le permetteva di esplorare la sua identità senza le costrizioni della società. E mentre si abbandonava a questa nuova prospettiva, si rese conto che ogni incontro con Marco era un passo verso la **redenzione** dei suoi sentimenti, un modo per accettare la sua vulnerabilità.

Quando l'alba cominciò a tingere il cielo di sfumature rosa e arancioni, Elena capì che il viaggio non era finito. Ogni notte portava con sé nuove **rivelazioni**, e la luce del giorno non avrebbe mai potuto oscurare ciò che aveva scoperto nell'oscurità. Con il cuore colmo di speranza, si preparò ad affrontare il mondo, consapevole che, oltre il buio, c'era sempre una nuova **alba** da scoprire.

I protagonisti iniziano a confrontarsi con le conseguenze delle loro azioni notturne e dei desideri che hanno nascosto.

Le luci della città brillavano come stelle cadute, riflettendosi nei volti dei protagonisti, ora segnati dalla consapevolezza delle loro azioni. Ogni passo che facevano lungo le strade deserte era un richiamo ai **desideri inconfessabili** che avevano alimentato le loro notti. Andrea, con il cuore in tumulto, sentiva il peso delle scelte fatte. Le risate e i sussurri della mezzanotte ora si trasformavano in eco di rimpianto.

Elena, dall'altra parte, si trovava a contare i battiti del suo cuore, mentre rifletteva sull'intensità di un amore che aveva cercato di tenere nascosto. La **vulnerabilità** che provava la spingeva a riconsiderare ogni gesto, ogni parola scambiata, come se ogni attimo vissuto fosse un indizio di un mistero più grande. La notte, con la sua oscurità avvolgente, aveva rivelato parti di sé che mai avrebbe osato esplorare.

In un angolo della città, un **incontro proibito**

stava per avvenire. Andrea ed Elena, ignari delle conseguenze, si ritrovarono faccia a faccia, i loro sguardi carichi di tensione. Le parole si fermarono in gola, sostituite da un silenzio carico di significato. Entrambi sapevano che la notte non era solo un palcoscenico per i loro desideri, ma anche un **campo di battaglia** per le loro paure.

La luna, complice silenziosa, illuminava le loro anime tormentate. Ogni riflesso sulla sua superficie sembrava svelare segreti sepolti, portando alla luce le **rivelazioni notturne** che avrebbero cambiato per sempre il corso delle loro vite. Andrea, con un sospiro profondo, decise di rompere il silenzio. "Elena, c'è qualcosa che devo dirti..." le sue parole risuonarono nell'aria fresca della notte, cariche di una tensione palpabile.

Elena, sorpresa, si sentì attraversare da un brivido. La sua mente correva veloce, cercando di anticipare ciò che sarebbe potuto seguire. "Anch'io ho dei segreti," rispose, la voce tremante ma determinata. In quel momento, entrambi capirono che le loro **ombre del tramonto** non erano solo un ricordo, ma una realtà che avrebbero dovuto affrontare insieme.

Con ogni parola scambiata, la distanza che li

separava si assottigliava. Le loro storie, intrise di **passioni nascoste** e di vulnerabilità, si intrecciavano come le ombre danzanti proiettate dalla luna. Andrea ed Elena si resero conto che per ogni azione notturna c'erano conseguenze, e che affrontarle insieme avrebbe potuto trasformare le loro paure in un **viaggio emotivo** verso la redenzione.

La notte, testimone silenziosa delle loro confessioni, si preparava a rivelare nuove albe di speranza. I protagonisti, ora più consapevoli, si avviavano verso un futuro incerto, ma luminoso, dove i loro desideri avrebbero finalmente trovato un **luogo di espressione**.

Capitolo 7:

Introduzione

La luna si ergeva alta nel cielo, illuminando la città con una luce argentea che sembrava danzare sulle strade deserte. I **rumori della notte** si mescolavano con il fruscio delle foglie, creando un'atmosfera carica di **mistero** e **intimità**. In questo contesto, i protagonisti si ritrovano a esplorare le loro vulnerabilità, confrontandosi con i propri desideri e le paure più profonde.

Elena, con il cuore in tumulto, si aggirava per le strade, cercando di sfuggire ai pensieri che la tormentavano. La sua mente era un **labirinto** di emozioni contrastanti: da un lato, il richiamo irresistibile di Marco, dall'altro, la paura di abbandonarsi completamente. Ogni passo che faceva sembrava avvicinarla a una rivelazione, a un **segreto** che la legava a lui in modo indissolubile.

Marco, da parte sua, osservava la città dall'alto di un vecchio edificio abbandonato. La notte era il suo rifugio, il momento in cui le sue **passioni** più inconfessabili prendevano vita. Era affascinato da Elena, ma il suo passato lo tratteneva, rendendolo riluttante a lasciarsi andare. La lotta interiore che affrontava si rifletteva nei suoi occhi, ora pieni di **desiderio**, ora di **paura**.

Un incontro casuale, un **sguardo** che si incrocia, e il mondo intorno a loro svanisce. Elena e Marco si trovano faccia a faccia in un angolo buio, dove il silenzio è rotto solo dal battito dei loro cuori. Le parole non servono, perché entrambi sanno che quello che provano è qualcosa di più profondo di qualsiasi discorso. In quel momento, la **vulnerabilità** diventa la loro unica compagna, e il **desiderio** di connessione si fa insopprimibile.

La luna, complice silenziosa, osserva la scena, come se volesse custodire quel **momento** di pura magia. Elena si avvicina, il suo respiro si fa più profondo. "Cosa vuoi davvero?" chiede, e la sua voce è un sussurro carico di emozione. Marco, colto di sorpresa, si rende conto che la risposta non è semplice, ma in quel momento, la **verità** diventa chiara: desidera **liberarsi** dalle catene del passato e abbracciare il futuro con lei.

La notte avanza, e con essa, le loro anime si intrecciano in un **ballo** di emozioni. Ogni passo che compiono insieme li avvicina a una nuova consapevolezza. Le **ombre** del tramonto sembrano svanire, lasciando spazio a una **luce** nuova, quella della speranza e della redenzione. In questo viaggio notturno, Elena e Marco non solo scoprono l'uno dell'altra, ma anche di se stessi, affrontando i **demoni** che li hanno tenuti prigionieri per troppo tempo.

Rivelazioni notturne

La notte avvolge la città in un manto di mistero, e le sue strade, normalmente affollate durante il giorno, si trasformano in un palcoscenico per le **rivelazioni** più intime. In questo contesto, i protagonisti si ritrovano a confrontarsi con i loro **desideri** e le loro **paure**, mentre la luna diventa testimone silenziosa delle loro confessioni.

Durante una di queste notti, **Elena** e **Marco** si incontrano in un bar nascosto, dove il profumo del caffè si mescola con l'aroma di sigarette e il suono di melodie jazz. I loro sguardi si incrociano, e in quell'istante, entrambi avvertono una connessione profonda, come se il mondo esterno fosse svanito. I **segreti** che portano nel cuore iniziano a emergere, creando un'atmosfera carica di tensione e **intimità**.

Elena, che ha sempre temuto di mostrare la

sua vulnerabilità, si sente spinta a rivelare il suo passato. Parla di un amore perduto, di un **legame** che l'ha segnata e che ha contribuito a costruire il suo scudo emotivo. Marco, ascoltando attentamente, si rende conto di quanto sia simile la sua storia. Anche lui ha vissuto un **abbandono** che lo ha portato a chiudersi in sé stesso, a proteggere il suo cuore da ulteriori ferite.

La conversazione si fa sempre più profonda, e la **confidenza** tra i due cresce. Marco racconta di come la vita notturna sia diventata il suo rifugio, un modo per sfuggire alla realtà e alle sue **insoddisfazioni**. La musica che li circonda sembra riflettere le loro emozioni, ogni nota un'eco dei sentimenti che faticano a esprimere. La **luna**, alta nel cielo, sembra osservare con benevolenza, come se volesse incoraggiarli a continuare.

In un momento di silenzio, Marco si avvicina a Elena e, con voce tremante, le confida un segreto che non ha mai rivelato a nessuno. La sua vulnerabilità è palpabile, e per la prima volta, Elena si sente in grado di rispondere con la stessa sincerità. I loro cuori, finalmente aperti, si intrecciano in un **abbraccio** che segna l'inizio di una nuova fase nella loro vita.

Ma la notte, con i suoi **misteri**, non è ancora

finita. Una figura misteriosa osserva da lontano, e le sue intenzioni rimangono avvolte nell'ombra. Le rivelazioni che sono emerse rischiano di essere messe alla prova, e i due protagonisti dovranno affrontare non solo i loro **sentimenti**, ma anche le **conseguenze** delle loro scelte. La notte è solo l'inizio di un viaggio che cambierà per sempre il loro destino.

Le verità a lungo celate vengono alla luce, mettendo alla prova le relazioni e la fiducia tra i personaggi.

Le ombre si allungano mentre la notte avanza, e con essa emergono **verità** che erano rimaste sepolte nel silenzio. I protagonisti, uniti da legami fragili, si trovano a dover affrontare le conseguenze delle loro scelte e dei loro segreti. Ogni rivelazione è un colpo al cuore, un test della **fiducia** che avevano costruito con tanta fatica. Le emozioni si intensificano, e i silenzi diventano più pesanti, come se l'aria stessa fosse carica di tensione.

Al centro di questo tumulto c'è Elena, il cui passato misterioso si intreccia con quello di Marco. La loro relazione, già segnata da **incomprensioni** e **paure**, ora si trova sull'orlo del baratro. Elena ha sempre temuto che i suoi segreti potessero distruggere ciò che avevano costruito. Ma la notte porta con sé una sorta di **catalizzatore**, un evento che costringe i due a confrontarsi con la verità. Marco, da parte sua, ha le sue ombre da affrontare. La sua storia è un mosaico di **rimpianti** e **desideri** inconfessabili, e ora è costretto a decidere se la loro connessione è abbastanza forte da resistere alla tempesta.

Intanto, la vita notturna che circonda i protagonisti si fa sempre più intensa. Le strade illuminate dai lampioni, i locali affollati e le risate che riecheggiano nel buio creano un **contrasto** stridente con le emozioni che si agitano dentro di loro. Ogni incontro, ogni sguardo furtivo, diventa un richiamo a esplorare le **passioni** che si celano sotto la superficie. Ma ogni passo verso l'ignoto porta con sé il rischio di scoprire qualcosa di inaspettato, qualcosa che potrebbe cambiare tutto.

Le rivelazioni notturne non sono solo un'opportunità per liberarsi dei fardelli del passato, ma anche un momento di **trasformazione** interiore. I personaggi devono decidere se abbracciare la vulnerabilità o ritirarsi nel **silenzio** delle loro paure. La luna, testimone silenziosa delle loro battaglie, diventa un simbolo di ciò che è nascosto e di ciò che deve essere rivelato. In questo contesto, le relazioni si rivelano un campo di battaglia, dove l'amore e la **fragilità** si intrecciano in un gioco pericoloso.

Quando i segreti finalmente emergono, il confronto diventa inevitabile. Le parole non dette trovano la loro voce, e le emozioni represse si scatenano come un uragano. I legami vengono messi alla prova, e i personaggi devono affrontare la realtà della loro **umanità**. In questo viaggio attraverso il buio, la speranza di una **redenzione** si fa strada, ma non senza sacrifici. Ogni anima in cerca di amore deve affrontare le proprie verità, e solo così potrà trovare la luce all'alba di un nuovo giorno.

Capitolo 8:

Introduzione

La luna si ergeva alta nel cielo, illuminando le strade deserte con la sua luce argentata. Era una notte come tante, ma per Marco e Giulia, ogni istante era carico di significato. Si erano incontrati in un caffè all'angolo della via, un luogo che sembrava esistere al di fuori del tempo, dove le conversazioni si mescolavano con i sogni non detti. **Il loro legame** si era sviluppato lentamente, come un fiore che sboccia al chiaro di luna, rivelando petali di vulnerabilità e desiderio.

Marco, con il suo sguardo profondo e il sorriso enigmatico, aveva il potere di far sentire Giulia come se fosse l'unica persona al mondo. Ogni parola che scambiavano era un tassello di un puzzle che si componeva nella loro mente, un viaggio attraverso le **sfide e le speranze** che entrambi portavano dentro di sé. Giulia, da parte sua, portava un bagaglio di segreti e paure, ma con Marco si sentiva libera di esplorare le sue emozioni più recondite.

Quella notte, mentre la musica dolce risuonava in lontananza, decisero di danzare. I loro corpi si muovevano in perfetta armonia, come se la **luna stessa** fosse la loro complice. Ogni passo era un'affermazione, ogni giro un abbraccio alla vita. Marco la guardò intensamente e, in quel momento, Giulia capì che il loro amore era un **mistero** da svelare, un viaggio che li avrebbe condotti oltre i confini della loro esistenza quotidiana.

Ma le ombre non tardarono ad avvicinarsi. Giulia, con il cuore in tumulto, si rese conto che le sue paure stavano per emergere. "Cosa succederà quando il sole sorgerà?" si chiese. La realtà si stava avvicinando, e con essa la possibilità di dover affrontare le conseguenze delle loro scelte. Marco, percependo il cambiamento nell'atmosfera, le strinse la mano, un gesto semplice ma carico di **significato**.

"Non pensare al domani," le sussurrò, "vivi questo momento." Le parole di Marco erano come un balsamo sulle sue inquietudini. Giulia chiuse gli occhi, lasciando che la melodia e la presenza di Marco la avvolgessero. In quel frangente, il mondo esterno svanì, e rimasero solo loro due, persi in un abbraccio di **intimità e vulnerabilità**.

Ma la realtà è un'ombra che non può essere ignorata. Con l'arrivo dell'alba, le verità nascoste avrebbero bussato alla porta, e

Giulia sapeva che il momento della rivelazione si avvicinava. La luna, testimone silenziosa della loro danza, sembrava promettere che anche nel buio ci fosse spazio per la **redenzione**.

Marco e Giulia si trovarono a un bivio: continuare a danzare nel mistero o affrontare il mondo con coraggio. La scelta era loro, e il destino si stava preparando a scrivere un nuovo capitolo della loro storia, una storia di amore, paura e **trasformazione**.

Albe di redenzione

La notte si ritirava lentamente, lasciando spazio a un nuovo giorno. I colori dell'alba si mescolavano, creando un'atmosfera **magica** e **misteriosa**, come se il mondo stesse trattenendo il respiro in attesa di rivelazioni. I protagonisti, avvolti nei loro pensieri, si trovavano a riflettere sulle scelte fatte, sulle **passioni** vissute e sui **segreti** che avevano custodito nel profondo.

In questo momento di transizione, l'aria fresca portava con sé un **senso di speranza**. Ogni alito di vento sembrava sussurrare promesse di **redenzione** e di nuove opportunità. I personaggi, ognuno con il proprio bagaglio di esperienze, si rendevano conto che la luce dell'alba non rappresentava solo la fine della notte, ma anche un **nuovo inizio**. Era il momento di affrontare le proprie vulnerabilità e di liberarsi dai **fardelli** emotivi che avevano tenuto nascosti.

Alcuni di loro si ritrovavano a contemplare le **scelte** fatte, chiedendosi se avessero avuto il coraggio di seguire i propri **desideri**. La notte aveva offerto loro la libertà di esplorare le emozioni più profonde, ma ora, alla luce del giorno, dovevano confrontarsi con la realtà.

Era tempo di abbandonare le **maschere** indossate e di mostrarsi per ciò che realmente erano. In questo processo, la **vulnerabilità** diventava una forza, un modo per ricostruire legami e riscoprire la **verità** dentro di sé.

Le prime luci del mattino illuminavano i volti dei protagonisti, rivelando le tracce di una notte ricca di **introspezione**. Ognuno di loro si sentiva cambiato, come se il buio avesse portato a galla emozioni che non avrebbero mai osato affrontare. La **luce** dell'alba, quindi, non era solo un segnale di un nuovo giorno, ma un **invito** a ricominciare, a scrivere un nuovo capitolo nelle loro vite. Le **albe di redenzione** si presentavano come un'opportunità per liberarsi dai **rimpianti** e per abbracciare il futuro con rinnovata **forza**.

Con il cuore colmo di **emozioni**, i protagonisti si avviavano verso il nuovo giorno, pronti a scoprire cosa il destino avesse in serbo per loro. Ogni passo era un **atto di coraggio**, una dichiarazione di intenti per affrontare la vita con autenticità. La notte, con i suoi misteri e le sue passioni, aveva lasciato un segno indelebile, ma ora era tempo di **abbracciare la luce** e di vivere pienamente.

In questo viaggio di **trasformazione**, i legami tra i personaggi si rafforzavano, alimentati dalla condivisione delle esperienze vissute. Le **albe** non erano solo un cambiamento di scena, ma un simbolo di **rinascita**, di una nuova consapevolezza che li accompagnava mentre si avventuravano nel futuro.

L'alba porta con sé la possibilità di redenzione o rovina per i protagonisti, e l'equilibrio tra amore e segreto si ridefinisce.

L'alba, con i suoi colori tenui e la dolce luce che si fa strada tra le ombre della notte, rappresenta un momento cruciale per i protagonisti. È in questo delicato equilibrio che si gioca la loro esistenza, dove **la redenzione** e la **rovina** si intrecciano in un abbraccio inaspettato. Mentre il sole sorge, i segreti custoditi nel buio iniziano a emergere, rivelando la loro vera essenza e le emozioni che li accompagnano.

Ogni personaggio si trova di fronte a una scelta: abbracciare la propria vulnerabilità o rifugiarsi nuovamente nell'ombra. I legami che si sono formati durante la notte, intrisi di passione e mistero, ora devono affrontare la luce del giorno, che mette a nudo le **verità** più profonde. La paura di essere giudicati, di perdere l'amore e di rivelare la propria anima diventa palpabile, creando tensione e aspettativa.

In questo contesto, l'amore si trasforma in un viaggio emotivo, dove ogni sguardo, ogni tocco e ogni parola assumono un significato nuovo. I protagonisti devono confrontarsi con le proprie **fragilità** e decidere se continuare a nascondere i propri sentimenti o se finalmente dare voce ai desideri inconfessabili che li hanno guidati fino a quel momento.

L'alba diventa così un simbolo di **trasformazione**, un'opportunità per ricominciare e per liberarsi dai pesi del passato.

Ma non è solo l'alba a portare cambiamenti. Le relazioni, già messe alla prova dall'intensità della vita notturna, devono adattarsi a una nuova realtà. I protagonisti si rendono conto che, per costruire un futuro insieme, devono prima affrontare i fantasmi del passato. La **comunicazione** diventa essenziale, e ogni parola pronunciata è carica di significato, un passo verso la comprensione reciproca.

Le emozioni si amplificano con il sorgere del sole. L'aria fresca del mattino porta con sé una sensazione di **rinascita**, ma anche di vulnerabilità. I protagonisti si trovano a dover affrontare non solo i loro sentimenti, ma anche le reazioni degli altri. La società, con i suoi giudizi e le sue aspettative, si frappone tra loro e la possibilità di un amore autentico.

La lotta tra il desiderio di essere visti e il timore di essere rifiutati si fa intensa. I protagonisti devono decidere se l'amore vale il rischio di rivelare i propri segreti, e se la luce dell'alba può realmente portare **redenzione**. La tensione cresce, e il lettore è invitato a immergersi in questo conflitto interiore, esplorando le sfumature di un amore che si nutre di oscurità ma aspira alla luce.

In questo momento decisivo, l'alba diventa non solo un semplice cambio di scena, ma un **catalizzatore** per le emozioni e le scelte che definiranno il futuro dei protagonisti. La loro storia, intrisa di desideri e paure, si avvia verso un epilogo che promette di essere tanto sorprendente quanto rivelatore.

Conclusione

Giunti alla fine di questo viaggio attraverso le **ombre della notte**, è impossibile non riflettere su quanto abbiamo esplorato insieme. Le **relazioni** che si intrecciano tra i nostri protagonisti, i loro **desideri inconfessabili** e le **vulnerabilità** che emergono nel buio, ci mostrano quanto sia complessa l'anima umana. Ogni personaggio, con le proprie paure e passioni, ci invita a guardare dentro noi stessi, a scoprire le parti di noi che spesso rimangono nascoste.

La **vita notturna**, con i suoi misteri e le sue promesse, diventa un palcoscenico dove si svolgono drammi e rivelazioni. I **balli della mezzanotte** non sono solo eventi sociali, ma momenti di **trasformazione** e di scoperta. Qui, ogni passo danzato è carico di significato, ogni sguardo lanciato è un invito a esplorare l'ignoto. La luna, complice silenziosa, illumina le strade tortuose dei nostri cuori, rivelando ciò che normalmente rimarrebbe nell'ombra.

Le **rivelazioni notturne** che i personaggi affrontano non sono solo una questione di eventi, ma di **crescita personale**. Attraverso le loro esperienze, il lettore è chiamato a riflettere su come i propri segreti possano influenzare le relazioni quotidiane. Cosa significa realmente **amare**? E come possiamo affrontare le nostre paure per vivere una vita autentica?

Ogni **alba di redenzione** rappresenta una nuova opportunità. I nostri protagonisti, dopo aver affrontato le loro battaglie interiori, si risvegliano a una realtà trasformata. La luce del giorno porta con sé la possibilità di una nuova vita, di nuove scelte e di una **connessione più profonda** con gli altri. È un promemoria che, anche nei momenti più bui, c'è sempre la speranza di un nuovo inizio.

In conclusione, **Gli amanti della notte** non è solo un racconto di amori e segreti, ma un invito a esplorare l'intimità delle relazioni umane. Ci ricorda che, sebbene le nostre paure possano sembrare insormontabili, affrontarle è il primo passo verso la **liberazione** e la **crescita**. Spero che questo viaggio vi abbia offerto non solo intrattenimento, ma anche spunti di riflessione su come viviamo le nostre emozioni e le nostre connessioni.

Vi lascio con una domanda: quali segreti portate nel vostro cuore? E come potete iniziare a condividerli, trasformando così le vostre relazioni in qualcosa di più profondo e autentico?

Riflessioni finali su come le scelte fatte di notte hanno cambiato per sempre la vita dei protagonisti.

Le scelte fatte di notte, avvolte nell'oscurità e nel mistero, hanno un potere trasformativo sui protagonisti di questa storia. In queste ore silenziose, lontane dal giudizio del giorno, i loro desideri più nascosti emergono, dando vita a decisioni che cambieranno il corso delle loro vite. La notte diventa un rifugio, un luogo dove le convenzioni sociali svaniscono e i veri io possono finalmente esprimersi.

Ogni incontro, ogni sguardo rubato, si trasforma in un'opportunità per esplorare le proprie vulnerabilità. I protagonisti, in balia delle loro emozioni, si trovano di fronte a scelte che, pur sembrando banali, si rivelano decisive. Il **ballo della mezzanotte**, per esempio, non è solo un momento di divertimento, ma un **catalizzatore di cambiamenti**. Qui, sotto la luce soffusa della luna, si intrecciano destini e si rivelano segreti, creando legami che sfidano il tempo e lo spazio.

Le relazioni che si sviluppano durante queste ore notturne sono intensamente **passionali** e spesso **proibite**. La luna, complice silenziosa, osserva i protagonisti mentre si abbandonano a una danza di emozioni contrastanti. Le scelte fatte in questi momenti di vulnerabilità non sono mai prive di conseguenze. Le promesse sussurrate tra le ombre possono portare alla **redenzione** o alla **rovina**, a seconda di come i protagonisti decidono di affrontare la realtà al sorgere del sole.

Un altro aspetto fondamentale è come queste scelte notturne riflettano le **paure** e i **desideri** più profondi dei personaggi. Ogni decisione è un modo per confrontarsi con la propria identità, per scoprire chi sono realmente al di là delle maschere indossate durante il giorno. I legami che si formano nella notte sono spesso più autentici, privi delle distrazioni quotidiane, e questo porta i protagonisti a un **viaggio interiore** che li cambierà per sempre.

Inoltre, la **vulnerabilità** che emerge in questi momenti è un tema centrale. I protagonisti, esposti e fragili, si trovano a dover affrontare le conseguenze delle loro scelte. Alcuni trovano la forza di abbracciare il cambiamento e di trasformare le loro vite, mentre altri si perdono nel labirinto delle loro emozioni, incapaci di tornare indietro.

Infine, le riflessioni su come le scelte fatte di notte abbiano cambiato le loro vite non possono prescindere dalla consapevolezza che ogni azione ha il suo peso. Le notti trascorse insieme, i segreti condivisi, le promesse fatte, tutto contribuisce a creare un **tessuto complesso** di relazioni che definisce chi sono. La notte, quindi, non è solo un contesto, ma un **personaggio** a sé stante, capace di influenzare le vite dei protagonisti in modi inaspettati e profondi.

Nota:

Nel viaggio creativo di **"Gli amanti della notte"**, ho voluto riflettere su come le esperienze personali possano influenzare la scrittura. Ogni personaggio che ho creato è, in un certo senso, un riflesso di emozioni e situazioni che ho vissuto o osservato. La **vulnerabilità** è un tema centrale, e credo che ogni lettore possa riconoscere in sé stessi quel desiderio di connessione profonda, di essere visti e compresi.

Quando penso alla **vita notturna**, non mi riferisco solo a feste e divertimenti, ma a un'atmosfera che permette di esplorare parti di noi stessi che durante il giorno rimangono nascoste. È in queste ore che i segreti emergono, e i **desideri** più reconditi trovano voce. Ogni capitolo del libro è un invito a scoprire queste sfumature, a danzare tra l'oscurità e la luce, tra la **paura** e la **speranza**.

Riflettendo su **"Ombre del tramonto"**, ho voluto catturare quel momento in cui il giorno si ritira e la notte si prepara a svelare i suoi misteri. I protagonisti si trovano a confrontarsi con le loro paure, e in questo processo, scoprono anche la loro forza interiore. È un viaggio di **trasformazione**, dove ogni incontro notturno diventa un'opportunità per rivelare parti di sé che erano rimaste in ombra.

In **"Cuori segreti"**, i legami tra i personaggi si intensificano. Qui, le **passioni inconfessabili** emergono, creando tensione e desiderio. Ogni sguardo e ogni parola non detta diventano carichi di significato. È in questi momenti che il lettore può percepire l'intensità delle emozioni, un richiamo a esplorare le proprie relazioni e a riconoscere le **dinamiche** che spesso rimangono invisibili.

Il **ballo della mezzanotte** rappresenta un momento di celebrazione, ma anche di introspezione. I personaggi si muovono in un **gioco di luci e ombre**, dove la musica diventa un linguaggio universale. Qui, i lettori possono riflettere su come le esperienze condivise possano unire o allontanare, creando una connessione profonda che sfida il tempo e lo spazio.

Con **"La luna come complice"**, ho voluto sottolineare l'importanza della **natura** e del suo ruolo nelle nostre vite. La luna, simbolo di mistero e bellezza, diventa testimone delle rivelazioni notturne. Ogni personaggio, in questo contesto, si confronta con le proprie verità. È un momento di vulnerabilità, ma anche di **liberazione**.

Infine, le **albe di redenzione** chiudono il cerchio. Qui, i protagonisti affrontano le conseguenze delle loro scelte e scoprono che ogni fine è anche un nuovo inizio. L'idea di **trasformazione** è fondamentale: ogni esperienza notturna porta con sé la possibilità di una nuova luce, di una nuova speranza. Spero che i lettori possano portare con sé queste riflessioni, trovando nel romanzo un modo per esplorare le proprie emozioni e relazioni.

Appunti dell'autore sul processo creativo e su eventuali riferimenti culturali.

Il processo creativo di **"Gli amanti della notte"** è stato un viaggio affascinante e complesso, un intreccio di emozioni e riflessioni che si sono manifestate mentre scrivevo.

Ho cercato di immergermi completamente nell'atmosfera notturna, un momento in cui i segreti emergono e le passioni si accendono. La notte, con il suo mistero, ha sempre esercitato un fascino particolare su di me, e ho voluto catturare questa essenza nel mio romanzo.

Ogni personaggio è nato da un'idea, da un'emozione che volevo esplorare. Ho riflettuto a lungo sulle **relazioni umane** e su come i **desideri inconfessabili** possano influenzare le nostre vite. La vulnerabilità è un tema centrale; ho voluto mostrare come i protagonisti, pur essendo forti, siano anche fragili e in balia delle proprie paure. Questo contrasto è ciò che rende le relazioni così affascinanti e, a volte, dolorose.

Ho tratto ispirazione da diverse fonti culturali. **La letteratura** classica e contemporanea ha avuto un ruolo fondamentale nel plasmare la mia visione. Autori come **Marcel Proust** e **Virginia Woolf** mi hanno insegnato l'importanza dell'introspezione e della **psicologia dei personaggi**. Ho cercato di trasmettere la stessa profondità emotiva nelle interazioni tra i miei protagonisti, rendendo ogni incontro carico di significato.

La **vita notturna** è un altro elemento cruciale nel romanzo. Le strade illuminate da luci soffuse, i caffè affollati e i balli della mezzanotte sono scenari che ho voluto descrivere con vividezza. Questi luoghi diventano il palcoscenico delle emozioni, dove i personaggi si liberano delle loro maschere e si rivelano per quello che sono veramente. Ho voluto che il lettore potesse sentire l'energia pulsante della notte, quasi come se fosse un personaggio a sé stante.

Un altro aspetto che mi ha guidato è stata la riflessione sulle **trasformazioni interiori**. Ogni incontro, ogni rivelazione notturna porta con sé la possibilità di cambiare, di crescere. Ho voluto che i miei personaggi affrontassero le loro paure, mettendo in discussione le proprie convinzioni e scoprendo nuovi lati di sé. Questo viaggio emotivo è ciò che spero possa risuonare nel lettore, spingendolo a riflettere sulle proprie esperienze e relazioni.

Infine, ho voluto lasciare spazio alla **misteriosità**. Non tutto deve essere spiegato; a volte, è nei silenzi e negli sguardi che si nascondono le emozioni più profonde. La luna, come complice invisibile, osserva e custodisce i segreti dei miei personaggi, rendendo la narrazione ancora più intrigante. Spero che il lettore possa sentirsi parte di questo mondo crepuscolare, dove ogni pagina è un invito a esplorare l'ignoto.

Biografia:

Valerio Sforza è un autore che ha sempre trovato ispirazione nella complessità delle relazioni umane e nei misteri che si celano dietro le emozioni. Cresciuto in una piccola città italiana, ha sviluppato fin da giovane una passione per la letteratura, immergendosi nei classici e nei racconti contemporanei che esplorano l'animo umano. La sua formazione accademica in psicologia ha ulteriormente affinato la sua capacità di comprendere e descrivere le sfumature delle emozioni, rendendolo un narratore empatico e profondo.

Durante la sua adolescenza, Valerio ha scoperto la bellezza della vita notturna, un mondo vibrante e affascinante che ha influenzato notevolmente la sua scrittura. Le serate trascorse a osservare le interazioni tra le persone, i sussurri e i segreti condivisi sotto il chiarore della luna, hanno alimentato la sua immaginazione e lo hanno spinto a esplorare i temi dell'amore e della vulnerabilità nei suoi romanzi. **Gli amanti della notte** è il risultato di anni di riflessione e ricerca, un'opera che riflette la sua visione unica delle relazioni e delle emozioni.

Valerio ha pubblicato diversi racconti e articoli

su riviste letterarie, ma è stato con questo romanzo che ha trovato la sua voce distintiva. La sua scrittura è caratterizzata da un linguaggio evocativo e da una narrazione che invita il lettore a immergersi in un mondo di sentimenti complessi e conflitti interiori. La sua abilità nel creare atmosfere suggestive e nel delineare personaggi profondi ha conquistato un pubblico vasto e variegato, composto da lettori giovani e adulti che cercano storie che parlino al cuore.

Oltre alla scrittura, Valerio è un appassionato viaggiatore. Ogni viaggio rappresenta per lui un'opportunità per esplorare culture diverse e incontrare persone che arricchiscono la sua prospettiva. Le esperienze vissute durante le sue avventure si riflettono nei suoi racconti, dove i luoghi e le ambientazioni diventano parte integrante della narrazione. La sua curiosità verso l'ignoto e la sua sete di scoprire ciò che si nasconde dietro le apparenze sono elementi che permeano **Gli amanti della notte**, rendendo il romanzo un viaggio emozionale e trasformativo.

Valerio Sforza continua a scrivere, spinto dal desiderio di esplorare le dinamiche delle relazioni e di connettersi con i lettori a un livello profondo. Ogni nuova pagina è un invito a riflettere, a interrogarsi sui propri desideri e sulle proprie vulnerabilità, in un mondo dove l'amore e il mistero danzano insieme sotto il cielo notturno. Con **Gli amanti della notte**, Valerio non offre solo una storia, ma un'esperienza che invita a esplorare l'animo umano in tutte le sue sfumature.

Breve biografia dell'autore e del suo percorso letterario.

Valerio Sforza è un autore italiano che ha sempre avuto una profonda passione per la scrittura e per l'esplorazione delle emozioni umane. Cresciuto in una piccola città circondata da paesaggi suggestivi, ha sviluppato fin da giovane un amore per le storie che parlano di **relazioni complesse** e di **misteri interiori**. Dopo aver conseguito la laurea in Psicologia, ha iniziato a scrivere racconti brevi, ma è stato con il suo primo romanzo che ha trovato la sua voce distintiva.

La sua carriera letteraria è iniziata con un'opera che ha ricevuto un'accoglienza calorosa da parte del pubblico. Questo primo successo lo ha incoraggiato a continuare a scrivere, portando alla creazione di **Gli amanti della notte**, un romanzo che riflette le sue esperienze e le sue osservazioni sulle **dinamiche delle relazioni**. In questo libro, Sforza esplora come le passioni e i desideri emergano quando il buio cala, rivelando la vulnerabilità dei suoi personaggi.

Nel corso degli anni, Sforza ha partecipato a numerosi festival letterari e ha tenuto workshop sulla scrittura creativa, dove ha condiviso le sue tecniche e la sua filosofia di scrittura. La sua capacità di **immergere i lettori in atmosfere notturne** e di farli riflettere sulle proprie esperienze emotive lo ha reso un autore apprezzato nel panorama letterario contemporaneo.

Oltre alla narrativa, Sforza ha scritto articoli per riviste specializzate, affrontando temi come la **psicologia delle relazioni** e l'importanza della comunicazione emotiva. Queste pubblicazioni hanno contribuito a consolidare la sua reputazione come esperto nel campo delle dinamiche interpersonali, rendendolo un punto di riferimento per coloro che cercano di comprendere meglio le proprie emozioni e relazioni.

La sua scrittura è caratterizzata da uno stile **intenso e poetico**, capace di trasmettere le sfumature dell'animo umano. Sforza si dedica a un'analisi profonda dei suoi personaggi, esplorando le loro paure, i loro sogni e le loro speranze. In **Gli amanti della notte**, ogni protagonista è un riflesso di esperienze reali, con cui i lettori possono facilmente identificarsi, rendendo il romanzo non solo una storia d'amore, ma anche un viaggio emotivo.

Attualmente, Valerio Sforza vive in una vivace città italiana, dove continua a scrivere e a ispirare altri autori emergenti. La sua passione per la letteratura e l'umanità lo spinge a esplorare sempre nuove storie e a condividere la sua visione del mondo attraverso la scrittura. Con ogni nuovo progetto, Sforza si propone di offrire ai lettori un'esperienza che sia **emozionante e riflessiva**, capace di farli immergere nei segreti e nelle passioni dell'esistenza umana.

Milton Keynes UK
Ingram Content Group UK Ltd.
UKHW032324221024
449917UK00001B/19